NÉCROLOGIE

M. LOUIS-VICTOR RENDU

Inspecteur général honoraire de l'Agriculture

ET

SES TRAVAUX

PAR

PIERRE TOCHON

Ancien Élève de Grignon,
Président de la Société centrale d'agriculture du département de la Savoie.

CHAMBÉRY
IMPRIMERIE MÉNARD, RUE JUIVERIE, HÔTEL D'ALLINGES

1877

NÉCROLOGIE

M. LOUIS-VICTOR RENDU

Inspecteur général honoraire de l'Agriculture

ET

SES TRAVAUX

PAR

PIERRE TOCHON

Ancien Elève de Grignon,
Président de la Société centrale d'agriculture du département de la Savoie.

CHAMBÉRY
IMPRIMERIE MÉNARD, RUE JUIVERIE, HÔTEL D'ALLINGES
1877

MONSIEUR LOUIS-VICTOR RENDU

ET SES TRAVAUX.

Le 11 juin 1877 mourait à Paris, après une longue et douloureuse maladie, M. Louis-Victor Rendu, inspecteur général honoraire de l'agriculture.

Admirateur et ami de cet homme de bien qui fut en même temps le meilleur des pères de famille, un agronome distingué, un écrivain agricole du plus grand mérite et un citoyen dévoué à son pays, nous avons tenu à honneur d'esquisser cette existence si bien remplie, qui laisse après elle d'unanimes regrets.

M. Victor Rendu était né à Maisons-Alfort (Seine) le 3 mai 1809 ; sa famille, que nous croyons originaire de la Savoie ou du Bugey, a donné plusieurs hommes de mérite à l'Eglise, au barreau, à l'instruction publique et aux sciences.

M. Rendu descendait par sa mère de Victor Yvard, célèbre agronome, appelé l'Arthur Young français, mort en 1831 membre de l'Institut, où il avait succédé à Parmentier.

Le père de M. Rendu, après avoir géré une exploitation agricole, fut nommé commissaire répartiteur à la ville de Paris, petit emploi mal rétribué, sans avancement possible.

Placé pour faire son éducation dans une pension de second ordre, le jeune Victor fit de rapides progrès; à l'âge de 16 ans il en sortait bachelier ès-lettres.

Destiné au commerce, malgré son peu de goût pour cette carrière, il fut envoyé à l'école commerciale de Marseille; il y apprit l'italien, l'espagnol et un peu d'anglais et d'allemand.

De retour dans sa famille, M. Victor Rendu fut placé à la ville de Paris; il y utilisa ses loisirs professionnels pour se faire recevoir licencié en droit et pour suivre les cours d'histoire naturelle du muséum: il devint ainsi l'ami des deux Geoffroy Saint-Hilaire, de M. de Blainville et surtout de M. de Jussieu; sous la direction de ce dernier, il fit une étude approfondie de la botanique, pour laquelle il se sentait un goût irrésistible; c'était alors son ambition de suivre la carrière scientifique et d'arriver un jour à une chaire de professeur au muséum d'histoire naturelle. Son premier essai de jeune homme fut un petit ouvrage qu'il publia en 1830, *Le nouveau Spectacle de la Nature*, en colloboration avec Ambroise Rendu, son cousin, décédé avocat à la cour de cassation en 1863.

Cette collection se composait de 10 volumes, que l'on consulte encore aujourd'hui avec fruit; elle comprenait toutes les données d'histoire naturelle susceptibles de vulgariser cette science chez les gens du monde. M. Victor Rendu, alors âgé de 21 ans, s'était spécialement chargé des articles se rattachant à la zoologie et à la botanique.

A ce moment la carrière du jeune naturaliste semblait devoir être exclusivement consacrée à la science : mais les exigences de la vie étaient là. Comprenant l'impossibilité de persévérer dans cette voie, il y renonça résolûment et s'enferma deux ans au Mesnil-Saint-Firmin (Aisne) pour apprendre l'agriculture. Le temps qu'il passa dans cette ferme modèle assura son avenir : désormais, tout en restant attaché par goût et par tradition aux études scientifiques, M. Rendu s'occupera avant tout des applications pratiques et des progrès utiles.

Ce fut vers cette époque que M. Martin, du Nord, alors ministre de l'agriculture, à qui M. Rendu avait été recommandé, le choisit, en 1837, pour lui confier une mission agricole en Algérie. Cette mission lui permit d'étudier la culture méridionale et de s'initier à la végétation méditerranéenne, pour laquelle il a conservé toute sa vie une prédilection enthousiaste.

Pensant rester longtemps en Afrique, M. Rendu utilisa ses courses professionnelles pour recueillir les éléments de la flore de l'Algérie ; mais son retour en France au bout de 10 mois l'empêcha de terminer ce travail. Il rapporta de ses excursions des notes nombreuses et un herbier que, pendant 30 ans d'inspection, il a continué à enrichir.

Ici se placent trois années de labeur pendant lesquelles la carrière du futur inspecteur ne se dessine pas encore. Modeste employé au ministère de l'agriculture, M. Rendu s'accommodait mal d'une existence à son gré trop peu active : aussi le voyons-nous, pendant cette période, publier une série d'ouvrages. Ce sont d'abord des *Leçons choisies de littérature anglaise*, simple délassement intellectuel, qui montre bien la variété de ses aptitudes et son ardeur au travail ; puis bientôt un *Traité de zoologie* et un *Traité de botanique élémentaire*, l'un et l'autre appliqués à l'agriculture ; un *Traité pratique sur les abeilles;* enfin les *Mœurs des insectes*, ou la Providence révélée dans ses moindres ouvrages, petit livre charmant où sont racontées, d'un style alerte et gracieux, les métamorphoses des cicindèles, des libellules et des fourmis. Plus tard, à la fin de sa carrière, M. Rendu reprendra et développera cette œuvre de sa jeunesse.

On était arrivé à 1840 ; un mouvement de progrès très-sensible s'était produit dans toutes les branches de l'agriculture française. Les écoles placées sous la direction de l'Etat s'étaient multipliées ; à côté de Roville et de Grignon, on venait de créer Grand-Jouan et la Saulsaie ; chacune d'elles recevait annuellement un grand nombre d'élèves.

La direction et la surveillance de ces établissements nécessitaient un surcroît de travail : pour les faire prospérer, il fallait au ministère de l'agriculture des hommes spéciaux capables de le représenter avec l'autorité désirable.

L'inspectorat de l'agriculture naquit de ces circonstances, et afin d'attribuer au seul mérite ces emplois qui demandaient des connaissances spéciales, il fut décidé que la nomination à ces hautes fonctions serait la récompense d'un concours.

Les aspirants devaient publier, dans un délai déterminé, un ouvrage d'agriculture dont le sujet fut laissé à leur choix.

Le livre que M. Victor Rendu présenta au concours avait pour titre *l'Agriculture du département du Nord ;* il fut imprimé en 1841. Le 1ᵉʳ novembre de la même année, son auteur recevait, avec le prix attribué aux lauréats, sa nomination au poste envié d'inspecteur de l'agriculture; il avait alors 32 ans.

Nous aimons à insister sur cette première partie de l'existence de M. Rendu, toute entière consacrée au travail et à l'étude, et partagée entre les devoirs de la famille et la nécessité de la lutte. Vie rude, assurément, pour qui sait les difficultés que rencontrent au seuil de la carrière les déshérités de la fortune; mais période féconde pendant laquelle se trempe le caractère et mûrit l'intelligence, où la valeur de l'homme croit en raison de l'épreuve, et où se préparent silencieusement les promesses de l'avenir. Les commencements furent difficiles, nous l'avons vu, pour M. Rendu. Dirigé tout d'abord vers le commerce qu'il n'aimait pas, sentant en lui des aspirations scientifiques qu'il ne pouvait satisfaire, ayant étudié successivement le droit, les langues, l'agriculture, il était arrivé à 30 ans sans avoir encore trouvé sa voie, jusqu'au jour où le concours vint mettre en relief ses qualités et lui fournir la récompense de sa persévérance. Cette histoire n'est-elle pas celle de tous les hommes de valeur, qui conquièrent pied à pied leur situation dans le monde ?

M. Victor Rendu, en entrant dans l'inspectorat de l'agriculture, fut chargé de la région de l'Est, comprenant les Vosges, l'Alsace, la Lorraine et le Jura.

Pendant le peu de temps qu'il fut attaché à cette région, il publia successivement un ouvrage sur *l'Assolement et les Cultures de l'Alsace* et une traduction du livre italien de Jean Berger sur *l'Agriculture [du royaume lombardo-vénitien;* cette traduction fut couronnée par la Société royale et centrale d'agriculture de France, et, à la suite de ce concours, son auteur reçut le titre de membre du Conseil général de l'agriculture.

Ses fonctions d'inspecteur appelaient souvent M. Rendu

auprès du célèbre directeur de Roville, dont il devint bientôt, mais pour peu de temps, l'admirateur et l'ami. En effet, Mathieu de Dombasle se préparait à clore sa longue et utile carrière agricole, et ce fut le 1" mars 1843 que l'Ecole d'agriculture de Roville cessa d'exister, après avoir formé un si grand nombre d'élèves de mérite.

M. Rendu, comme nous l'avons dit, ne resta pas longtemps attaché à la région de l'Est, où il avait débuté : il eut successivement l'inspection de la région du Nord, puis celle du Sud-Ouest, qu'il administra jusqu'à la nomination de M. A. de Monny à la direction du ministère de l'agriculture. Il le remplaça à l'inspectorat du Sud-Est qu'il conserva pendant 24 ans.

M. Victor Rendu, malgré des déplacements continuels et les travaux nombreux que nécessitaient ses fonctions, trouva cependant le temps de continuer ses publications. Ce fut en effet à cette époque que parurent : *l'Agriculture du département du Tarn*, *les Principes d'Agriculture*, en deux volumes, et une *Traduction de Schwerz*, ouvrage allemand sur la *Culture des plantes*. Dès l'année 1847, ces différents travaux et ses services comme inspecteur lui avaient valu le grade de chevalier de la Légion d'honneur.

En prenant la région du Midi, M. Rendu revenait à ses études favorites, il y revoyait les plantes du littoral de la Méditerranée, qu'il avait étudiées en Algérie au début de sa carrière ; il allait retrouver sur ce sol privilégié une flore spéciale : la vigne, l'olivier, le mûrier, les cultures arbustives, les végétaux à parfums, toute cette agriculture si variée du Languedoc et de la Provence. Méridional d'allures et de tempérament, il aimait le pays du soleil, qui convenait à son imagination ardente et à sa nature enthousiaste, et jusqu'à la fin de sa carrière, sa prédilection pour cette belle région ne s'est jamais démentie.

C'est en 1850 que M. Rendu était devenu l'inspecteur du Sud-Est. Deux ans plus tard, il entreprenait, sous les auspices du ministre de l'agriculture, un travail de longue haleine qui dura cinq années consécutives. Il ne s'agissait de rien moins que de décrire méthodiquement tous les grands cépages de la France, et de faire connaître les procédés de vinification usités dans chacune de nos provinces. Cette tâche considérable fut menée à bonne fin, et le manuscrit de l'*Ampélographie française*, remis à l'éditeur Victor Masson le 1er décembre 1856, parut à la fin de 1857.

Cet ouvrage, qui a placé Victor Rendu à la tête de la phalange des ampélographes, à côté d'Albin Gras, du comte Odard et de Victor Pulliat, a valu à son auteur les plus grands éloges : il est rédigé avec un soin irréprochable ; ce fut, nous le croyons du moins, le premier livre aussi complet publié sur ce sujet en Europe.

Rien, en effet, n'a été négligé pour reproduire en grandeur naturelle, avec leur coloris spécial, les raisins que l'on trouve dans nos principaux vignobles. La description de ces raisins, l'analyse des terres qui les produisent, leur mode spécial de vinification et l'appréciation des vins qu'ils fournissent ont été traités de main de maître par M. Rendu : aujourd'hui encore, malgré les travaux qui se sont succédé sur la question, cet ouvrage fait autorité.

Nous sommes arrivés à une époque de la carrière de M. Rendu où le rôle des inspecteurs de l'agriculture prend une nouvelle importance.

Ce fut en effet en 1857 que M. Rouher, alors ministre de l'agriculture et du commerce, eut l'heureuse inspiration d'ajouter aux concours régionaux d'animaux reproducteurs l'institution des primes d'honneur culturales.

D'après l'organisation adoptée à cette époque, chaque région comprenait 6 ou 7 départements qui devaient concourir successivement chaque année à la prime d'honneur. Chaque inspecteur ayant sous sa direction deux régions, placées dans des milieux différents, il s'ensuivait que tous les ans c'étaient deux tournées à faire pour décerner la prime d'honneur et deux concours régionaux à organiser et à diriger.

Ce travail considérable ajouté aux occupations ordinaires de l'inspection, à la visite des écoles d'agriculture, des fermes-écoles, aux concours spéciaux de la Corse dont il fut chargé, détournèrent M. Rendu de ses études favorites ; aussi, de 1856 à 1865, ne fit-il rien paraître ; il reprit cependant le cours de ses travaux en 1866 en publiant simultanément la *Culture du sol* et la *Culture des plantes,* excellents livres arrivés en peu de temps à la 3ᵉ édition. — Il écrivit aussi vers la même époque deux ouvrages religieux sur lesquels nous reviendrons.

M. Victor Rendu avait 35 ans de services lorsque, en 1871, il fut mis à la retraite avec le titre d'inspecteur général honoraire.

Revenu à la vie privée dans toute la puissance de son intelligence, M. Rendu sut utiliser ses loisirs dans l'intérêt de son pays en publiant, en 1870, les *Mœurs pittoresques des insectes;* en 1872, un *Petit traité de Culture maraîchère, les Abeilles, la Basse-Cour ;* en 1874, les *Notions élémentaires d'agriculture ;* en 1875, *les Animaux de la France,* ouvrage illustré ; enfin, en 1876, *les Insectes nuisibles à l'agriculture.*

A l'inverse de la plupart des livres destinés à vulgariser la science, et qui ne sont que des compilations plus ou moins incohérentes, les opuscules de M. Rendu sont marqués au coin de la vérité : l'auteur a vu ce qu'il décrit, et il en parle par expérience. Entomologiste avant d'être agriculteur, il a saisi sur le vif les faits et gestes de cette population bourdonnante et remuante dont il raconte si bien les mœurs et les coutumes : pour faire l'histoire des abeilles, il n'a eu qu'à rappeler ses souvenirs d'enfance et la façon dont il gouvernait les ruches paternelles ; amateur passionné de jardinage, nous l'avons vu bien souvent mettre la main à l'œuvre, et personne ne pouvait parler plus savamment de la culture maraîchère que lui, qui en faisait le principal délassement de ses vacances. Littérairement parlant, ces ouvrages fourmillent de descriptions heureuses, de détails trouvés : l'expression fait image, la phrase est vive et alerte, l'esprit pétille à chaque instant, et telle page de la *Basse-Cour* ou des *Animaux de la France* forme souvent un petit tableau achevé. Ce dernier ouvrage, par son importance et le soin avec lequel il a été travaillé, suffirait à lui seul pour recommander l'auteur à la reconnaissance publique.

Tel a été l'écrivain : voyons ce qu'était l'inspecteur.

M. Victor Rendu avait étudié avec le plus grand soin les ressources et les besoins de l'agriculture méridionale.

L'extension qu'avait prise la culture de la vigne l'engagea de bonne heure à recommander aux viticulteurs l'emploi judicieux des meilleurs cépages, la substitution du travail des animaux à celui à la main, le choix de bons instruments de culture et l'amélioration des systèmes de vinification.

La nécessité de fournir d'abondantes fumures aux terres et aux vignes, de procurer du lait aux villes, de la viande aux boucheries, avaient attiré l'attention de Victor Rendu sur les aptitudes toutes spéciales de la race de Tarentaise ; aussi, après s'être assuré qu'elle répondait le mieux au climat de la région méditerranéenne, il en encouragea par tous les moyens en son pouvoir l'importation dans nos contrées et une place d'honneur lui fut réservée dans le programme des concours de la région.

Il a été donné à M. Rendu de voir surgir pendant son inspection de nombreuses maladies qui ont momentanément compromis le développement de la richesse culturale du Midi de la France.

Combien de rapports n'a-t-il pas faits sur l'oïdium, sur les moyens proposés pour le combattre, sur la maladie des orangers, sur le ver des oliviers, sur la pyrale de la vigne, sur la maladie des pommes de terre et sur l'invasion et les ravages du phylloxera.

Sa sollicitude pour la région confiée à ses soins a appelé bien souvent l'attention du gouvernement sur les conséquences de l'extension de ces maladies, et jamais il n'a manqué de proposer des récompenses en faveur des hommes qui se vouaient aux intérêts de l'agriculture.

M. Rendu avait souvent été frappé du petit nombre d'élèves de la région méridionale que l'on rencontrait dans nos grandes écoles d'agriculture, anomalie d'autant plus singulière que dans cette partie de la France la plupart des paysans sont propriétaires, et que de père en fils ils s'adonnent à la culture de leur domaine.

Il n'eut pas de peine à reconnaitre que le motif réel de cette abstention se trouvait dans la spécialité des cultures du Midi, spécialité qu'on étudiait en théorie, mais qui ne pouvait recevoir d'application pratique dans aucune des écoles d'agriculture existantes alors.

Depuis ce moment, M. Rendu n'a cessé de solliciter du

ministre de l'agriculture le transfert de l'école de la Saulsaie à Montpellier, centre climatérique qui semblait le mieux répondre aux besoins de la région. Ce vœu s'est réalisé, mais M. Rendu n'a pas pu inspecter la création nouvelle.

Sa mise à la retraite ne lui a pas permis de présider à l'installation de l'école d'agriculture de la Gaillarde, dont il avait préparé l'aménagement financier et réglé d'avance le programme des cours.

En Corse, l'influence de M. Rendu n'a été ni moins utile ni moins féconde. Avant lui, ce département ne possédait aucune pépinière, alors que la rareté de la main-d'œuvre, la difficulté des travaux agricoles, rendent seules lucratives les exploitations arbustives. Aujourd'hui, grâce à ses soins, de nombreuses pépinières sont florissantes et ne peuvent suffire aux demandes toujours croissantes. C'est une véritable source de richesse dont il a doté la Corse et dont on lui garde en ce pays une profonde reconnaissance.

M. Victor Rendu, après avoir inspecté 24 ans la région du Midi, s'est retiré laissant à tous ceux qui ont eu le bonheur de le connaitre le souvenir ineffaçable de son mérite personnel, de sa courtoisie, de son intégrité, de son impartialité et de son dévouement sans bornes aux intérêts confiés à ses soins

Nous venons de rappeler à grands traits la vie pleine de dévouement de M. Victor Rendu à ses devoirs professionnels; il nous reste à le considérer comme homme et comme ami.

M. Rendu était un des esprits les plus ouverts qu'il fût donné de connaître. Il avait abordé toutes les branches d'instruction : appuyé sur de sérieuses études classiques, amateur d'antiquité et d'histoire, il avait fait un nombre prodigieux de bonnes lectures ; une mémoire naturellement heureuse et un esprit habitué à la réflexion le servaient admirablement. Aussi, dès que l'on causait avec lui, s'apercevait-on bien vite de l'étendue et de la variété de ses connaissances.

Depuis la botanique, l'histoire naturelle, l'agriculture, qu'il possédait à fond, jusqu'à la littérature et même la théologie, rien ne lui était étranger : il a eu dans tous les sujets qu'il a abordés une supériorité réelle.

La poésie semblait récréer son esprit, témoin ces vers charmants adressés à ses enfants en tête de son ouvrage magistral sur *les Animaux de la France ;* ces vers peignent si bien le cœur aimant de M. Victor Rendu, que nous ne pouvons résister au désir de les faire connaître à ses admirateurs et à ses amis :

A MES ENFANTS.

Lorsqu'un nouvel esquif va braver la tempête,
On place ses destins sous un nom protecteur ;
Au front de ce livret, né dans mes jours de fête,
J'attache vos trois noms en signe de bonheur.

Soyez son bon génie ! Aidez à son voyage !
Le ciel est nébuleux et le vent incertain ;
Je ne demande pas qu'il vive d'âge en âge,
Mais qu'il plaise à vos cœurs comme un chant du lointain.

Il est écrit pour vous ; c'est ma dernière flamme,
C'est mon adieu suprême au bord de l'avenir.
A travers ces récits ne voyez que mon âme,
Et gardez-moi toujours fidèle souvenir !

Il m'a été donné de parcourir un petit recueil de vers charmants faits au courant de la plume, avec cette extrême facilité que M. Rendu apportait dans tout ce qu'il produisait.

Ce qui faisait de Victor Rendu une figure à part, ce qui le distinguait de la généralité des hommes, c'est le sentiment profondément religieux qui le guidait en toutes choses et qui lui faisait considérer dans les diverses circonstances de la vie le côté élevé.

Jamais personne n'a moins brigué pour lui ni pour les siens les faveurs : il s'adonnait à des travaux horticoles dans son jardin des Berruères, en Normandie, lorsque le courrier lui apporta sa nomination d'officier de la Légion d'honneur, légitime récompense de ses travaux, qu'il ne se doutait pas d'avoir méritée.

Un peu plus tard, le 30 mai 1868, ses ouvrages, spécialement destinés à l'enseignement de l'agriculture dans les écoles primaires, lui valurent la décoration d'officier de l'instruction publique.

Tous les honneurs, qui sont le plus souvent le grand mobile de la conduite des hommes, étaient pour Victor Rendu sinon indifférents, du moins parfaitement appréciés à leur juste valeur : ce n'était pour lui qu'un accessoire dont il savait se passer.

La seule peine de ce genre qu'il ait eue est celle qu'il éprouva au moment de sa mise à la retraite, parce que, en pleine possession de ses facultés physiques et intellectuelles, il se sentait encore en état de rendre des services à son pays.

Il résultait de sa tendance d'esprit qu'il était pour lui-même d'une modestie presque exagérée et toujours plein de bienveillance pour les œuvres des autres.

On ne se serait jamais douté, à l'entendre causer, qu'il eût publié tant de bons ouvrages ; jamais il n'en ouvrait la bouche, au point que moi-même qui vivais souvent dans son intimité je l'ignorais complétement, lorsque je reçus de lui un ouvrage sur lequel l'éditeur avait catalogué ses précédentes publications : c'était, on le voit, un savant aussi modeste que fécond.

M. Rendu, depuis son premier ouvrage de 1830 jusqu'au dernier paru peu de temps avant sa mort, n'a eu qu'un seul but qui se révèle à chaque page de ses œuvres : il a voulu mettre l'enseignement de l'agriculture et des diverses branches qui s'y rattachent à la portée de toutes les classes de la société.

Laissant de côté la rigidité méthodique du professeur ordinaire, il arrive à intéresser le lecteur sans le fatiguer ; dédaignant les démonstrations trop scientifiques, il évite de surcharger la mémoire de théories que l'élève ne comprendrait pas.

Quelques-uns-de ses ouvrages s'adressant aux classes instruites, on retrouve M. Rendu avec toute sa verve scientifique ; placé dans un milieu qui répond à ses aptitudes, il y donne la preuve de l'étendue de son savoir.

Quelque soit le sujet qu'il traite, il se distingue toujours par les mêmes qualités de style : l'élégance unie à la clarté, la sobriété et la justesse de l'expression à la netteté de la langue. Tout l'homme est là : un esprit ferme, tempéré par une grande douceur.

Nous avons dit que M. Rendu était un catholique sincère. Rien ne le détournait de sa voie ; soit qu'il fût dans ses tournées de prime d'honneur, soit à la campagne, en voyage ou à Paris, partout il remplissait ses devoirs de chrétien avec simplicité et sans faste, sans chercher à imposer à personne ses pratiques ou ses convictions. Véritablement libéral, il a su toujours vivre en parfaite harmonie avec les membres de ses commissions, composées souvent d'hommes appartenant à des cultes différents ou à des opinions religieuses opposées aux siennes.

Il était plein d'amabilité dans le commun de la vie, d'une sérénité constante de caractère ; aussi avec quelle bonté, avec quelle douceur ne recevait-il pas tous ceux qui l'abordaient ; de combien d'attentions n'étaient pas l'objet les membres de ses commissions de visite ! Il nous a été donné d'accompagner bien souvent M. Rendu dans diverses régions : partout il est resté le même, il s'oubliait pour s'occuper d'abord des personnes confiées à ses soins. Toujours gai et alerte, le premier levé dès l'aube, il avait tout disposé d'avance s'il s'agissait de se mettre en route. Sa longue expérience des voyages, sa conversation vive, son inépuisable érudition des choses agricoles abrégeaient les longueurs de la route ; chacun de nous considérait comme une faveur de faire partie de ses commissions et comme un plaisir d'y assister.

M. Rendu, que nous avons trouvé littérateur, naturaliste et agriculteur, a publié de 1866 à 1868 deux ouvrages religieux d'une valeur incontestable : l'un est intitulé le *Christ dans ses souffrances*, le second les *Psaumes de David*, traduction d'après la Vulgate, avec des notes tirées de Bossuet ; il a de plus été un collaborateur actif de la *Semaine des Familles*.

En parcourant cette longue liste d'écrits sur des sujets si différents, qui ne comprennent pas moins de vingt-quatre ouvrages formant trente-cinq volumes, on se demande comment M. Rendu, que ses devoirs professionnels tenaient huit mois de l'année éloigné de Paris, a pu recueillir et mettre en ordre les nombreux documents auxquels il a dû avoir recours pour rédiger et revoir ses publications. On ne peut expliquer cette rare fécondité qu'en se rappelant ses heureuses facultés naturelles, son ardeur infatigable au travail, l'étendue de ses connaissances acquises, et une activité physique soutenue par une santé admirable qui lui permettait de supporter sans fatigue un travail exceptionnel.

M. Victor Rendu s'était marié en 1842, peu après sa nomination à l'inspectorat ; cette union a été des plus heureuses : aucune des qualités du cœur et de l'esprit ne manquait en effet à la compagne qu'il s'était donnée, et si M. Rendu a pu réaliser des prodiges de travail, il faut l'attribuer pour une bonne part au bonheur qu'il rencontra toujours dans son intérieur.

M. Rendu laisse trois enfants auxquels il lègue l'héritage des vertus paternelles, et qui continueront les traditions d'honneur de la famille.

Nous n'avons rien dit du patriotisme de M. Rendu, ni de son attachement à la France.

Un fait dont nous avons été témoin prouve que, de ce côté encore, nul ne lui était supérieur.

Nous faisions en 1870 la tournée de la prime d'honneur du Gard, lorsque le soir, en rentrant à Nîmes, nous apprenons que la guerre est déclarée à la Prusse ; les chants patriotiques et le bruit des canons, traînés sur le pavé, quittant nuitamment leurs cantonnements, ne nous laissaient aucun doute sur l'exactitude de cette nouvelle.

M. Victor Rendu était plus que tout autre atteint par cette fatale guerre : de ses deux fils, l'un appartenait à la première levée ; l'aîné, interne des hôpitaux de Paris, n'hésiterait pas, il en était sûr, à se dévouer comme il l'a fait, pour aller soigner nos blessés.

Malgré cette persuasion, malgré la triste perspective pour un père de se voir privé, à un âge déjà avancé, de ses deux enfants, M. Rendu se consolait comme chacun de nous dans l'espoir que nos armées seraient victorieuses, et dans la certitude que ses fils feraient leur devoir.

Ce cœur si aimant savait faire taire ses déchirements pour ne songer qu'à l'honneur de la patrie qui se trouvait en jeu.

Je m'arrête, bien que la tâche que je m'étais tracée soit bien incomplétement remplie ; honoré de l'amitié de M. Victor Rendu, c'est surtout par les qualités du cœur et de l'esprit qu'il s'est révélé à moi ; c'est sous ce point de vue que j'ai entrepris de le faire connaître, laissant le soin à une plume plus autorisée d'apprécier ses ouvrages.

La Motte-Servolex, le 24 août 1877.

www.ingramcontent.com/pod-product-compliance
Lightning Source LLC
Chambersburg PA
CBHW060605050426
42451CB00011B/2094